ID0632528

ACTES SUD – PAPIERS
Fondateur : Christian Dupeyron
Editorial : Claire David

Leméac Éditeur remercie le ministère du Patrimoine canadien, le Conseil des arts du Canada, la Société de développement des entreprises culturelles du Québec (SODEC) et le Programme de crédit d'impôt pour l'édition de livres du Québec (Gestion SODEC) du soutien accordé à son programme de publication.

Illustration de couverture : © Sonia Leontieff, 2006

ISBN 978-2-7609-2639-4

ISSN 0298-0592   ISBN 978-2-7427-6450-1

Assoiffés

Wajdi Mouawad

avec la collaboration de Benoît Vermeulen

pour Éric Champoux,
amitié fidèle
en pleine lumière.

PERSONNAGES

Boon
Murdoch
Norvège

1. Murdoch

Mercredi 6 février 1991.
Jour de la Saint-Gaston.
7 h 30.
Murdoch se réveille en parlant.

MURDOCH. Je ne sais pas ce qui se passe, ni depuis quand, ni pourquoi, ni pour quelle raison, mais je rêve tout le temps à des affaires bizarres, pas disables, pas racontables, pas même imaginables. Je me sens envahi par un besoin d'espace et de grand air ! Je mangerais de la glace juste pour calmer la chaleur de mon écœurite la plus aiguë ! Le monde est tout croche et on nous parle jamais du monde comme du monde ! Chaque fois que je rencontre un ami de mon père ou de ma mère, il me demande : « Comment va l'école ? » Fuck ! Y a pas que l'école ! Y a-tu quelqu'un en quelque part qui pourrait bien avoir l'amabilité de m'expliquer les raisons profondes qui poussent les amis de mes parents à être si inquiets à propos de l'école ! J'ai comme l'intime conviction que comme ils ne savent pas quoi dire à quelqu'un de jeune et parce qu'ils croient qu'il serait bon d'engager la conversation avec, ils ne trouvent rien de mieux qu'à s'accrocher sur le thème ô combien original de l'esti d'école ! « Puis, comment va l'école ? » Je leur demande-tu, moi, comment ça va leur névrose, fuck ! Je veux dire que c'est pas parce que tsé que crisse ! Non je ne me tairai pas, c'est mon droit de parler, de m'exprimer, de dire des affaires, de les articuler et de les dire ! Mon droit ! Je m'appelle Sylvain Murdoch et parler relève de *mon* droit ! L'adjectif possessif *mon* n'est pas là innocemment, sacrament ! Je suis écœuré ! Comme si l'avenir était ma tombe ! Non je ne me tairai pas, j'ai encore des choses à dire et à exprimer ! Vous la regardez, vous autres, la télévision quand vous voulez, autant que vous voulez ! Personne n'est là pour vous dire : « Arrête de regarder la télé ! » Jamais la télé vous lui dites : « Tais-toi ! » Pourquoi moi ? Non je ne m'habillerai pas, je vais rester en bobettes, esti ! Je veux dire, il est sept heures du matin, crisse, la télé elle joue déjà, fuck ! Je veux dire que fuck !

Moi, là, je crois que vous êtes complètement intoxiqués par une sorte d'animatrice culturelle qui vit dans votre salon de bungalow d'esti de fuck ! Je le dis comme je le pense, « bungalow d'esti de fuck ! » et la reine de ce bungalow d'esti de fuck est une animatrice qui vous dit quand pleurer quand pas pleurer quand rire quand sacrer, tout ça pour qu'elle puisse vous dire quoi acheter ! C'est pour ça qu'elle est là, l'animatrice ! Je pense même que son prénom c'est Annie et son nom c'est Matrice ! La Matrice, esti ! C'est ça ! Vous êtes pognés à vie dans votre Annie Matrice et elle vous esclavagise, elle vous consommatise, vous ikéatise, vous pharmaprise, vous carrefourise toute la gang, esti ! Vous êtes Wal-Martyrisés au coton calisse ! McDonalisé jusqu'à la moelle de bœuf 100 % mort, calisse de crisse ! Quoi ça, « change ton vocabulaire parle pas de même devant ta mère » ? Je parle justement ma langue maternelle ! J'en use jusqu'à la corde à me pendre ! Je préfère faire usage de mon vocabulaire destroy plutôt que de me faire fourrer par une télé qui va finir par me gercer le trou du cul à force d'allers retours ! Je suis heavy ! Vous le méritez ! Je me suis levé du pied cannibale et m'en vas vous avaler toute la gang ! Non je ne me tairai pas, vous êtes mes parents et mon devoir pour le moins du moins est de vous mettre en garde ! Je ne m'abaisserai pas à encourager vos faiblesses mondialistes ! Je suis quelqu'un qui a ses opinions ! Vous vivez comme si vous faisiez partie d'un club à multipoints ! Dès qu'il y a des rabais, vous sautez les cent pas pour aller vous remplir l'estomac ! Annie Matrice glisse en vous ses messages, elle vous dit : « Partout la performance » puis, trente secondes plus tard, elle vous parle de « haute pression » ! Ça s'peut-tu, ça ? Ça s'peut-tu de pas tiquer quand tout le monde te dit : « un c'est bien, mais deux c'est mieux » ? Quoi ça, « deux c'est mieux » ? Deux quoi, crisse ? Bull shit ! Moi, là, tant qu'à parler ce langage-là, laissez-moi vous dire que si ça continue de même ici-dedans, je vais finir par lui faire connaître le flux et le reflux de ma spiruline à la crisse de télé, crisse de crisse ! Ils arrivent là, là, droites comme un piquet, pis ils nous disent, comme ça, comme si c'était normal, que « derrière l'argent, il y a les gens » ! Quoi ça, « derrière l'argent », c'est où ça, derrière l'argent, c'tu une place en particulier, ça, derrière l'argent ? Ils nous prennent-tu pour des caves, calisse ? Qu'est-ce qu'ils veulent nous dire, fuck ? Que l'argent c'est « sensib' » ? Voyons donc ! Non, je ne me tairai pas ! Partout la performance ! Partout la performance partout la performance partout la performance partout la performance. Y a pas de mal à se faire du bien ! Partout la performance ! Soyez prudents, et n'oubliez pas : prendre le métro c'est intelligent ! Je veux dire c'est pas une vie, sacrament, fait que non crisse de crisse, je ne me tairai pas, calvaire !

Murdoch parle.

--------- 2. Norvège ---------

Mur. Porte. Parents. Homme.

MÈRE. Norvège ne sort plus de sa chambre.
Enfermée depuis trois jours à triple tour,
elle ne parle plus, ne mange plus.

PÈRE. Nous ne savons plus quoi faire et pourtant nous avons tout essayé.

MÈRE. Nous avons d'abord frappé à sa porte : « Norvège, Norvège ? »
Mais rien.
Au début nous avons pensé à une peine d'amour,
peine profonde et terrible dont on ne veut surtout pas parler.

PÈRE. Dont on veut surtout pas parler à ses parents.
On comprend ça.

MÈRE. Tout de même il fallait bien qu'elle sorte.
Alors on s'est fâchés, on l'a menacée, on l'a grondée, puis on a pleuré.
Et toujours on était de plus en plus inquiets, puis encore
on a recommencé à lui parler doucement, et rien...
Et Norvège ne sort plus de sa chambre,
enfermée depuis trois jours à triple tour.

PÈRE. On lui a demandé :
« Norvège, Norvège, tu ne veux rien manger ? Rien boire ? »
Jamais de réponse.

MÈRE. « Est-ce que tu nous en veux ? On va parler, discuter. »
Mais rien ! Silence, silence !

PÈRE. Ça devenait insupportable !
Le soir tombait, et silence, silence !
Alors on a paniqué et on a tenté de défoncer la porte.
Quand la serrure a commencé à bouger, on a entendu hurler
Norvège !

MÈRE. Mon Dieu !

PÈRE. Son hurlement était si terrifiant.

MÈRE. ... si venu du fin fond du monde,
qu'à notre tour on s'est mis à hurler : « Norvège ! Norvège ! »

PÈRE. On hurlait tout en continuant à défoncer la porte,
mais plus on défonçait, plus les hurlements augmentaient,
et, devenant de plus en plus terribles,
nous avons fini par comprendre que c'était nous qui provoquions
ces hurlements :
Norvège ne voulait pas que l'on entre dans sa chambre !

MÈRE. Alors on est restés là devant sa porte sans savoir quoi faire.

PÈRE. Toute la journée on lui a parlé.
Son silence devenait assourdissant !

MÈRE. La nuit tombait !
Elle n'avait rien mangé, rien bu.
Alors on a laissé une bouteille d'eau et de la nourriture.
On lui a dit : « Il y a de la nourriture devant ta porte,
nous partons dans la cuisine. »

PÈRE. Dans la cuisine, on a attendu.
Puis on a entendu la porte s'ouvrir un instant et se refermer.
Revenus dans le salon,
à la place de l'eau et de la nourriture,
on a trouvé cette feuille de papier
sur laquelle était écrit votre nom :
monsieur Clément Boltansky.

MÈRE. Alors en pleine nuit, on vous a appelé.
Mais vous n'étiez pas là, parti en voyage d'affaires, nous a-t-on
informés plus tard.

On l'a dit à Norvège, mais hier et aujourd'hui encore, Norvège a écrit votre nom.
Elle ne voulait personne d'autre que vous.
Nous sommes si heureux de vous voir enfin, monsieur Boltansky.
Nous vous avons tellement attendu.
Norvège nous a si souvent parlé de vous.

PÈRE. Elle nous disait que vous enseignez les mathématiques
comme un chevalier enseigne l'art du sabre.
Elle nous a souvent dit que si tous les professeurs
enseignaient leur matière
comme vous vous enseignez les mathématiques,
tout irait mieux dans le monde.
Elle vous aime tant.

MÈRE. Monsieur Boltansky,
Norvège a besoin de vous.
C'est inscrit là, sur les papiers où à chaque fois elle a écrit votre nom.

Elle tend les papiers à monsieur Boltansky.

──────── 3. Boon ────────

Aujourd'hui.
Boon plie les papiers donnés par la mère.

BOON. D'abord, précisons que je ne suis pas monsieur Boltansky, je suis celui qui joue monsieur Boltansky. Je m'appelle Paul-Émile Beauregard-Nouveau. Pour faire court, on contracte Beauregard-Nouveau, ce qui donne Boon. Comme Daniel. Et je ne suis pas un acteur professionnel non plus, je suis anthropologue judiciaire. En fait, je devrais dire « j'étais » ! En novembre 2005, il y a un an, j'ai décidé de prendre une année sabbatique. Cette année s'achève et j'ignore encore ce que je veux faire : reprendre mon travail, ou tout arrêter pour tout recommencer... je ne sais pas... parfois ça m'angoisse... Enfin bref, excusez-moi... je m'égare...

Alors. Qu'est-ce que ça mange en hiver, ça, un anthropologue judiciaire ?

Mettons que vous avez décidé d'aller pique-niquer quelque part du côté de la rivière des Prairies, en gang, ou en couple, ou tout seul, ou whatever, enfin bref, vous arrivez là, au bord de la rivière et, pour refroidir votre bouteille de vin, de bière ou whatever, vous l'attachez à une ficelle pour la plonger au fond de l'eau. Vous préparez votre snack, tout va bien, puis vous décidez de remonter votre bouteille. Et là, au lieu de remonter juste la bouteille, vous remontez aussi, en passant, la tête d'un cadavre que votre Molson dry a accrochée sans faire exprès pour la ramener à la surface. Une belle tête de cadavre bleuie, sans lèvres, sans yeux, sans rien d'humain sauf la peur que ça vous inspire : vous vivant, vous avez là, sous les yeux, la mort qui vous regarde en face. C'est râpé pour le pique-nique, mais comme vous êtes courageux, vous partez en hurlant et vous finissez par appeler quelqu'un qui appelle la police. La police arrive et deux jours plus tard on parvient enfin à faire remonter le cadavre au grand complet à la surface, mais il est tellement abîmé par l'eau, magané par le temps, qu'on n'arrive même plus à savoir où est le haut où est le bas, où est le dos où est la face ; ce n'est plus rien qu'un tas de chair absolument difforme, absolument méconnaissable.

C'est à ce moment-là qu'on fait appel au service d'un anthropologue judiciaire. Celui qui va permettre l'identification lorsque cette identification n'est pas possible à première vue. Car lorsqu'un corps est méconnaissable, comment fait-on pour le reconnaître ? Comment fait-on pour savoir la cause de son décès ? Comment fait-on pour retrouver son nom ? Grâce à la dentition, il est déjà possible de savoir si vous avez affaire à un enfant, un adolescent, un adulte ou un vieillard. Vous pouvez déjà deviner son sexe par la taille du bassin. Mais quand il n'y a plus de dents ? Plus de bassin ? Comment fait-on ? Derrière la parcelle d'un crâne, il y avait quelqu'un. Quelqu'un qui avait des rêves. Quelqu'un qui a pleuré, aimé, quelqu'un qui avait peur de la mort ! Où est cette personne ? L'anthropologue judiciaire est celui qui tente de résoudre cette énigme.

Pourquoi j'ai choisi ce métier ? Bonne question. Quand j'avais votre âge, j'étais plutôt du genre à pas avoir les deux pieds sur terre, à planer, à rêver... On me traitait de « poète » et ce n'était pas très positif... en tout cas pas pour ma mère qui était bien plantée pour sa part et avait la claque assez solide pour me sortir de ce qu'elle appelait avec mépris mon « univers poétique »... Ça me réveillait, mettons... en tout cas... pour ce qui est du « poète », disons plutôt que j'étais timide même si, c'est vrai, secrètement, je rêvais de devenir un auteur, je rêvais de donner vie à des personnages, inventer un monde pour faire voir ce qui n'existait pas... Finalement, je suis devenu anthropologue judiciaire, et au lieu de faire voir ce qui n'existe pas, je fais voir ce qui n'existe plus. C'est une nuance insignifiante, mais cette insignifiance peut changer tout le cours de votre vie... La preuve, je suis là, devant vous... c'est Norvège qui m'a obligé, d'une certaine façon, à faire ce spectacle pour vous raconter notre histoire et, par le fait même, celle de Sylvain Murdoch...

Alors pourquoi, moi, le rêveur, j'ai choisi ce métier qui exige contact avec le réel, pragmatisme absolu et une pensée organisée et objective ? Disons, pour faire simple, que j'étais bon à l'école même si ce n'était pas tout à fait de ma faute, mais celle de Jean-René, mon grand frère, qui faisait toujours des fugues à droite à gauche. Du coup, j'étais pogné à faire ses devoirs à sa place parce que ma mère, toujours elle, voulait pas qu'il coule ses cours. Alors, à force de faire et ses devoirs et les miens, j'ai fini par être bon à l'école.

Mais ce n'est peut-être pas ça non plus. Parfois, je me dis que j'ai choisi ce métier pour pouvoir enfin être tranquille : un mort, ce n'est pas trop dérangeant. J'ai si souvent eu à recoller les morceaux entre mon frère et ma mère, entre ma mère et mon père, entre mon père et mon frère, que je crois que j'ai choisi un métier où tout le monde était déjà mort. C'était moins fatigant ! En fait, à bien y penser, je n'ai rien choisi, j'ai davantage l'impression que j'ai laissé les autres choisir à ma place. C'était plus facile. Ça a marché, d'ailleurs, j'ai été tranquille jusqu'à l'année passée où ce métier, tout à coup, a pris un sens très particulier dans ma vie.

Il y a de cela un peu plus d'un an, je reçois un coup de fil pour aller au bord du Saint-Laurent. Un plongeur venait de trouver, au fond de l'eau, deux corps enlacés depuis si longtemps que leurs cadavres se sont fondus l'un dans l'autre.

Voici une photo. On les a retrouvés comme ça.

On a transporté ces amoureux étranges à la morgue où les premières analyses ont été faites : très vraisemblablement, étant donné la morphologie générale des corps, il s'agissait d'un homme et d'une femme morts noyés dans le fleuve, il y a de cela au moins quinze ans, si ce n'est plus. J'ai commencé par séparer les deux corps l'un de l'autre. J'ai pu établir leur âge au moment de la mort : dix-sept ans. De race blanche. Morts il y a de cela quinze ans, l'hiver sans doute, car les poumons renfermaient des particules de glace. Aucune trace de violences extérieures : pas de balles, ni de coups de couteau, ni d'overdose, ni de seringue dans la peau, rien. Le visage absolument méconnaissable. On s'est d'abord concentré sur l'identité du garçon, dont le visage semblait plus reconnaissable que celui de la fille. Les services de police ont fait émettre une fiche de tous les adolescents disparus, il y a de cela quinze ans, à l'âge de dix-sept ans. Pour mon malheur, on a été chanceux : il y a eu un seul nom, Sylvain Murdoch. Disparu le mercredi 6 février 1991, jour de la Saint-Gaston.

4. Métaphysique
des autobus publics

Mercredi 6 février 1991.
Jour de la Saint-Gaston.
8 h 07.
Arrêt d'autobus.

MURDOCH. C'est pas un arrêt d'autobus intéressant par ici, il est juste planté devant les immeubles ! On peut pas dire que c'est un lieu de « beauté » ! Tsé ! Je veux dire, on peut toujours essayer de se tordre le cou à droite, à gauche, mais y a pas grand boute de ciel qui dépasse. Moi, je trouve ça sadique. Vraiment sadique. Qu'est-ce qu'il fait, l'autobus ? Le monde s'accumule à l'arrêt, on est là comme des caves. Moi, là, je le sais plus pourquoi tous les matins je dois me lever pour aller attendre l'autobus si c'est pour monter dedans, aller à l'école, revenir de l'école, m'endormir, me réveiller pour revenir icitte et l'attendre encore. Je veux dire ! Tsé. Comme si rien ne s'était passé. Comme si on tournait en rond. Tsé. Comme si on revenait toujours au même carrefour alors qu'on est déjà en retard, qu'on a plus ben ben le temps de niaiser. On cherche encore pis « crac » ! On se retrouve icitte à attendre un esti de bus ! Si on pouvait faire en sorte que quand on a fait une chose une fois, une seule fois, on n'a pas besoin de la refaire ! Vous, madame, vous imaginez-vous le bonheur ? Le fait d'avoir attendu une seule fois l'autobus, ça fait que tsé : quelque chose se passe qui fait que vous ne l'attendez plus. Une affaire naturelle se mettrait en place tout de suite qui fait que quand vous arrivez à l'arrêt, l'autobus arrive tout de suite, y est déjà là. Tsé. Ce serait comme un avantage appréciable. Vous avez mal à la tête une fois, après c'est bon, c'est faite, c'est réglé. Pour les affaires le fun, c'est vrai que ça peut être plate ! C'est vrai que si, parce que t'as fait l'amour une fois, tu le referas plus sous prétexte que tu l'as déjà fait, oui, c'est plate ! Mais je pense que ça peut être arrangeable ! Tsé. Pour pouvoir refaire une affaire le fun, tu dois refaire une affaire plate. Genre : tu veux encore faire l'amour, ben va falloir aller attendre l'autobus ! Donnant-donnant ! Ça peut être l'autobus qui te conduit chez ta blonde ! Tsé. Y a toutes sortes de solutions ! Mais là, c'est comme si y avait aucune solution ! Combien de fois par jour vous refaites la même affaire ? Vous mangez, vous avez faim, vous retournez manger vous avez refaim vous allez remanger vous avez rerefaim vous allez reremanger vous avez rererefaim vous allez rereremanger vous avez rerererefaim vous allez rerereremanger et c'est comme ça avec chaque affaire ! Il y aura toujours un « re » de trop qui fera en sorte que vous êtes toujours game over ! Je le sais pas, je me sens comme tétanisé de l'intérieur, comme si en dedans de moi y a un gars qui joue avec une superballe qui rebondit partout ! Comme si, depuis ce matin, j'avais l'impression que je ne suis plus tout à fait moi. Qu'il y a un autre gars, un tout autre gars, qui me ressemble beaucoup, qui s'appelle Murdoch et qui, par le plus grand des hasards, a décidé de venir vivre dans ma peau. C'est un esti de buzz ! Pourtant je n'ai pas pris de substances chimiques depuis au moins douze heures, pis je crois pas que la masturbation y est pour quelque chose ! Mais là, plus l'autobus retarde, moins je sais pourquoi je me suis levé ce matin. Vous là madame, vous le savez pourquoi vous vous êtes réveillée ce matin ? Non ? Ben moi je crois que le chauffeur d'autobus, lui, là, ce matin, il s'est dit dans sa tête : « Coudonc, pourquoi je me réveille ce matin ? » Pis comme la réponse était pas ben claire, il a décidé de rester couché. Vous rendez-vous compte, madame, que si tous les chauffeurs d'autobus du monde se demandaient en même temps : « Pourquoi je me lève ce matin ? » il y aurait un crisse de pow wow dans la ville ? Qu'est-ce que vous voulez leur dire : « Ben non, lève-toi, viens-t'en nous parler d'une banque Royale, viens-t'en parce que tu le vaux bien, vas-y, fais-le pour toi et tu auras la passion du confort ? » Qu'est-ce que vous voulez leur dire : « Ben non, encore pour toute ta vie, fais-le le trajet de la 121 : Cavendish, Place-Vertu, Hocquart, Duguay, Saint-Laurent, Alexis-Nihon, Marlatt, Cardinal, Sainte-Croix, Ahuntsic, Saint-Michel, Sauvé, dix fois par jour aller-retour ! » Moi, là, je crois que c'est ça qui s'est passé ! Le chauffeur de la 121 vient de prendre conscience de sa vie et il a décidé de tout envoyer crisser ! Bon ! Le v'là ! J'suis presque déçu !

——————— 5. La beauté : travaux pratiques ———————

BOON. Cette journée-là, le soir plus précisément du mercredi 6 février 1991, jour de la Saint-Gaston, Sylvain Murdoch avait soudainement disparu.

Murdoch, cette journée-là, celle de la Saint-Gaston, s'était levé et s'était mis à parler sans arrêt du matin jusqu'à sa disparition ! Impossible de le faire taire ! Et ce garçon, je venais, moi, de le retrouver, quinze ans plus tard. Il était là, allongé sur la civière métallique de la morgue, sans visage, dans les bras d'une fille inconnue. J'étais bouleversé ! Pourtant je ne peux pas dire que Sylvain Murdoch était mon ami, c'était un voisin, on habitait pas loin l'un de l'autre. Il était dans la même classe que Jean-René, mon grand frère. Les seules fois où je parlais à Murdoch, c'était quand mon frère faisait des fugues. J'appelais Murdoch chez lui et je lui disais : « Y a mon frère, y a encore fugué. » Alors il me donnait les devoirs à faire et on raccrochait. Ça s'arrêtait là. Mais j'étais bouleversé. J'avais un cadavre devant moi, auquel mon métier d'anthropologue judiciaire m'avait permis d'accoler un nom, et ce nom, celui de Murdoch, avait fait ressurgir aussitôt un autre cadavre : le mien, celui de l'adolescent que j'étais. Des retrouvailles étranges qui non seulement m'ont ramené à moi, mais ramené au moment précis de mon adolescence où j'ai vraiment cru que j'allais devenir un auteur, tout ça à cause d'un devoir que j'ai dû faire à la place de mon grand frère, Jean-René. C'était une semaine avant la disparition de Murdoch, le mercredi 28 janvier 1991, jour de la Sainte-Martine. J'ai appelé Murdoch chez lui. *(Au téléphone :)* Murdoch, c'est Boon. Y a mon frère, y a fugué. Y a-tu des devoirs à faire ?

MURDOCH. C'est pas un devoir, sacrament, c'est un esti de paquet de marde ! Écoute ça : « Au moyen d'un appareil enregistreur audiovisuel... » ça, c'est parce qu'ils pensent nous rendre la chose plus intéressante, tsé. Ils pensent que parce que c'est la technologie, on va faire plus nos devoirs, tsé. Ils pensent que c'est jeune, la technologie, fait que là ils en mettent partout ! En tout cas ! « Avec un moyen audiovisuel enquêtez auprès des gens de votre quartier... » parce qu'ils pensent que les gens de notre quartier c'est toute du monde ben fin qui attendent juste que des ados aillent leur poser des questions pour une enquête... esti ! « ... enquêtez auprès des gens de votre quartier afin de mieux connaître leur perception de la beauté et tirez-en votre propre conclusion sous une forme théâtrale ! »

BOON. Simonac ! Leur perception de la beauté ?

MURDOCH. Oui. Sous une forme théâtrale.

BOON. La beauté ! Comment tu veux connaître ce que tu connais pas ?

MURDOCH. En tout cas, ton frère a confiance en toi. Il m'a dit : « Moi, là, je niaise pas avec le puck, je déconne pas, esti. Je fais une fugue d'une semaine s'il le faut, je vas laisser Boon s'arranger avec ça, en plus il écrit bien, il va le faire, et ce sera bon ! »

BOON. Il a dit ça ?

MURDOCH. Il a dit que tu étais le meilleur de tous les auteurs qu'il avait lus.

BOON. Il a pas lu grand-chose !

MURDOCH. C'est pas grave, là, s'il l'a dit c'est qu'il le pense !

BOON. J'ai raccroché ! S'il l'a dit c'est qu'il le pense ! C'était incroyable ! Mon grand frère avait confiance en moi ! Il me trouvait bon ! C'était incroyable ! J'ai toujours vénéré mon grand frère ! Et tout mon malheur venait de ce que j'étais convaincu que je le décevais, et voilà que ce jour-là de la Sainte-Martine, je venais d'apprendre que mon frère aimait ce que j'écrivais ! J'ai raccroché ce jour-là en cherchant comment j'allais faire pour être à la hauteur de cette confiance que mon grand frère avait en moi et de son admiration secrète qui, je l'avoue, ce matin-là, m'avait donné des ailes ! J'allais écrire une pièce de théâtre qui allait bouleverser tout le monde, j'allais y mettre tout mon talent ! Mon

frère serait fier de moi. Il fallait commencer par interroger les gens du quartier. J'ai retrouvé les cassettes. Ça a donné ça !
(Photos et enregistrements qui ne donnent rien de probant.)
Bon. Comme il n'y avait personne pour me dire ce qu'il trouvait beau, j'ai choisi de retourner la question et de demander aux gens ce qu'ils trouvaient laid. Je me suis dit que ce serait plus simple. C'est vrai, c'était plus simple.
(Photos et enregistrements qui donnent quelque chose d'encore moins probant.)
Fait que c'est ça... Il ne me restait plus qu'à tout inventer. De partir de moi... De ma tête, de mon cœur, de mon âme, ou de quoi que ce soit d'autre qui était à l'intérieur de moi, de mon fameux « univers poétique ».

——————— 6. Monsieur Clément Boltansky ———————

Mur. Porte. Parents. Boltansky.

MÈRE. Norvège, monsieur Boltansky est là.

PÈRE. Il a accepté de venir.

MONSIEUR BOLTANSKY. Bonjour, Norvège, c'est monsieur Boltansky.
(Silence.)
Norvège,
nous allons faire comme pour la nourriture.
Vos parents vont se retirer.
Je resterai seul.
Et si vous le désirez,
vous me direz ce que vous désirez que je fasse.
(Les parents se retirent.)
Norvège, je suis seul.
Dites-moi à présent.

La porte est déverrouillée. Hésitant, monsieur Boltansky ouvre, entre et ferme la porte derrière lui.

7. Du fondement éthique de la lecture dans les transports en commun

Mercredi 6 février 1991.
Jour de la Saint-Gaston.
8 h 12.
Dans l'autobus.

MURDOCH. Y a pas de différences ! Je veux dire qu'il n'y a pas de différences notables entre ce qui se passe dans ma tête et ce qui se passe dans la tête de chaque personne présente dans l'autobus. Je veux dire que oui : toi tu descends à Sauvé, l'autre descend à l'Acadie, oui pis ? So what ? On peut-tu appeler ça une différence ? Madame, qu'est-ce que vous lisez ? Ouais ? Pourquoi vous lisez ça ? C'tu parce que le trajet de l'autobus est trop long ou bedon c'est parce qu'y a quelque chose dans ce roman qui vraiment, mais vraiment, je veux dire vraiment vraiment vraiment vraiment vraiment, est important ? Ben là on discute, fuck ! Je vous pose une question importante ! Hey, le smatte, c'est pas parce que t'es un homme en habit que t'es pas aussi perdu que moi ! Je suis en train de demander à la madame si elle lit pour se désennuyer du trajet qu'elle trouve trop long ou bedon si ce roman est en train de changer sa vie ! Je dis ça parce que moi là, je m'en vas à l'école, pis là là, je vas rencontrer un tas de profs qui vont toutes me dire combien je parle mal et que je devrais donc lire pour m'éduquer ! O.K. Correk ! M'éduquer : pas d'troub' ! Le savoir : pas d'troub' ! Correk ! Mais je voudrais juste un peu savoir à quoi ça va me servir ! Ça va-tu me servir juste à me désennuyer ? Hey, noyez pas l'esti de poisson, là, en me disant de me taire ! Je me tairai pas, vous pouvez ameuter tous les chauffeurs d'autobus du monde, je ne me tairai pas pis je vas vous la poser encore une fois, madame, la question, et sachez que j'apprécierais grandement une réponse : lisez-vous votre roman pour vous désennuyer du trajet trop long ou bedon parce qu'il y a quelque chose là, je veux dire dans les mots, entre les lignes, de tellement beau que vous pouvez plus vous imaginer vous en décoller ? Vous aimeriez que je vous laisse tranquille ? O.K., mais avant ça je vas vous le dire ce que je pense, m'en vas vous le dire comme je le pense : la madame, là, a se peut tellement plus dans sa crisse de p'tite vie qu'a peut plus passer un quart de minute sans être en train de se désennuyer d'elle-même !

C'est ça la vérité ! Pis je le dis comme je le pense parce qu'icitte, là, dans l'autobus, y a pas vraiment, vraiment, vraiment de différences, je veux dire de différences notables entre nous tous ! C'est quoi ce tournage en rond pour finir la soirée planté devant la télévision à se faire dire par une crisse d'animatrice ce qu'y est beau et bon d'acheter ? Hey, monsieur, vous manquez vraiment d'imagination : me demander de me taire ! Vous avez rien d'autre à me dire pour me faire taire ? Me mettre votre poing s'a gueule ! Hey, c'est tout un programme de vie, ça, monsieur, on peut dire que vous avez été à l'école, vous là ! On peut appeler ça un argument frappant. Tabarnac ! Y a-tu quelqu'un qui aurait une autre idée pour parvenir à ses fins, pour parvenir au calme et au silence qui viendra pas parce que je vous jure qu'il viendra pas puisque, de toutes les façons, on le dit à la télé : « Un c'est bien, deux c'est mieux ». Puis comme personne ne nous dit ce qui est mieux avec le deux, ben moi, là, je continue, sacrament ! Non, madame : la supplication ne changera rien ! Je suis dans mes droits ! Je parle ! Je ne frappe personne ! Je ne vole personne ! Je ne mens pas puisque je dis sans arrêt tout ce que je pense pendant que roule ce calisse d'autobus que je vais devoir encore prendre demain ! Non je ne me tairai pas. Puisque je peux tout trouver dans cette ville, même un ami. Il me suffit d'aller à la pharmacie : je demande deux liqueurs, puis un ami ! Dans un sac, s'il vous plaît, j'vas payer avec interac, tabarnac ! Hey, non, mais ho ! Je suis dans mes droits ! Et vous pouvez vous compter chanceux toute la gang parce que mon arrêt arrive, je vas descendre, mais demain ça va recommencer puisqu'y a pas de raison que ça s'arrête ! Demain, dans l'autobus de 8 h 07, sur la ligne 121, à la station Place Côte-Vertu, m'en vas monter, pis s'il y a un sacrament qui lit un roman pour se désennuyer, ben il va m'entendre ! Je descends, mais c'est pour mieux monter ! Je ne me tais pas, je vais seulement porter ma poisse ailleurs ! Bonne journée tout le monde et n'oubliez pas : prendre le métro, c'est intelligent, gang d'épais !

──────── 8. Construction du personnage ────────

BOON. J'ai passé la semaine à écrire. Tout l'univers se plaçait, et étrangement, j'ai tout de suite eu la sensation de ce que je voulais faire. Un personnage m'est venu, une situation, tout semblait facile, j'exultais ! J'avais choisi de parler de la beauté de manière très instinctive. Un peu comme dans un rêve : une fille s'enferme dans sa chambre et refuse de sortir. J'avais l'impression que ça décrivait exactement ce que je ressentais du monde. Je regardais les gens de mon quartier et je trouvais tout le monde triste et effrayé. Je regardais ma rue, le dépanneur, les constructions, et les choses me sont apparues différentes, je les ai vues d'un œil nouveau et j'ai eu l'impression qu'il y avait tellement de laideur autour de nous que ça vous donne envie de disparaître. C'est cette vision qui a fait naître mon personnage. Une fille ! Que j'ai appelée Norvège ! J'ai écrit toutes sortes de choses sur elle, mais je n'arrivais pas à terminer, je n'arrivais pas à trouver vraiment sa douleur, sa faille ! C'est comme si Norvège, mon personnage, restait cachée au fond de moi, comme elle restait cachée derrière la porte, et qu'elle avait besoin d'aide pour sortir.

———— 9. Ce qui ne se raconte pas ————

Mur. Porte. Parents. Boltansky sort de la chambre de Norvège.

PÈRE. Vous lui avez parlé ?

MÈRE. Vous a-t-elle dit ce qu'elle avait ?

MONSIEUR BOLTANSKY. Parler n'était pas nécessaire.
Il m'a suffi de regarder.

MÈRE. Qu'avez-vous vu ?!

MONSIEUR BOLTANSKY. Ça ne se raconte pas !
C'est impossible à dire !
Mais ce que je peux vous affirmer,
c'est que si j'étais à la place de Norvège,
si nous étions chacun à la place de Norvège,
nous aurions agi de la même manière.

PÈRE. Qu'est-ce qui s'est passé ?

MONSIEUR BOLTANSKY. Je suis rentré et j'ai refermé la porte derrière moi.

Norvège n'était pas visible.

Sa chambre était plongée dans l'obscurité.

Une frayeur profonde s'est mise à m'habiter.

J'ai voulu appeler :

« Norvège, Norvège ! »

Mais rien n'est sorti.

Aucun son.

Comme si mes poumons,

mes cordes vocales,

ma gorge et ma salive

eux-mêmes

étaient effrayés par ce qu'il y avait là et qui était invisible encore.

Puis,

imperceptiblement,

se dégageant des rideaux épais

derrière lesquels elle était blottie,

j'ai vu Norvège m'apparaître.

J'ai vu son regard !

Je crois que nous sommes restés comme ça, l'un en face de l'autre, une éternité.

Je crois qu'elle a bien vu que je ne parvenais pas à prononcer une parole,

et je crois que c'est quelque chose qui a eu pour effet de la mettre en confiance.

Je crois que mon état lui a prouvé que j'étais avec elle,

que déjà je comprenais avant de comprendre.

Alors elle s'est approchée de moi.

Chaque pas était comme un trésor découvert et arraché au fond de la mer.

Puis,

quand elle s'est retrouvée à deux pieds de moi,

elle m'a montré.

Et j'ai regardé.

Et je dois dire que de toute ma vie je n'ai vu quelque chose d'aussi fragile.

Alors j'ai fermé les yeux, je les ai rouverts, je lui ai fait signe que je comprenais.

Puis je me suis retourné.

Je suis sorti lentement,

et j'ai refermé la porte derrière moi.

PÈRE. Qu'est-ce que vous avez vu ?

MONSIEUR BOLTANSKY. Ça ne se raconte pas.
Ou du moins je ne me sens pas en droit de vous le dire.
C'est à Norvège de vous le révéler.
Pour ça,
il faut accepter de lui laisser du temps.
C'est de cela qu'elle a le plus besoin,
de temps.

———— 10. Métaphore ————

BOON. J'avais trouvé sans trouver ! La sortie de Norvège allait être
mon devoir sur la beauté. Mon devoir allait être ce moment précis
où elle sortirait de sa chambre et dévoilerait au monde entier son
implacable vérité. On verrait alors, en voyant la tragédie de Norvège,
les ravages d'un monde sans beauté. On verrait ses conséquences !
Ce serait une métaphore des gens de mon quartier ! Mon problème
était à la fois simple et compliqué : je ne savais pas quelle était,
justement, cette implacable vérité, je n'avais pas trouvé concrètement
ma métaphore. Je ne savais pas ce qui était arrivé à Norvège, et tant
que je n'avais pas trouvé ce qui l'empêchait de sortir de sa chambre,
je ne pouvais pas écrire sa sortie. Ça pressait pourtant, on était rendu
la journée de la présentation. Je n'arrivais pas à écrire. J'étais bloqué,
je ne trouvais pas ce qui était arrivé à mon personnage et plus je
cherchais moins je trouvais et moins je trouvais plus je paniquais.
Toutes mes idées de métaphore me semblaient plates, ennuyeuses et
pas assez intéressantes, pas assez réelles... On aurait dit que l'idée
se cachait au fond de moi et que je n'arrivais pas à la débusquer...
jusqu'à ce que je rencontre Murdoch.

11. Des différentes façons d'attenter à ses jours (avantages et inconvénients)

Mercredi 6 février 1991.
Jour de la Saint-Gaston.
8 h 22.
Les casiers.

MURDOCH. C'est sûr que le suicide n'est pas une solution mais alors c'est quoi la solution ? Bon, je dis suicide, mais je dis ça comme ça, je n'ai pas de programme en vue, je n'ai pas un horaire précis concernant un pont ou une rame de métro, mais bon, c'est quand même pas une solution. Il paraît qu'une corde c'est assez épouvantable si tu te rates, et je ne parle pas des roues d'un wagon... Bon, je parle pour parler, c'est sûr, mais toi, là, Boon, pour toi, ce serait quoi la façon ? Noyade, veine tranchée ou bedon médicaments avalés ? Ah bon, tu trouves que je suis heavy ce matin, mais je suis toujours heavy sauf que là j'ai décidé d'ôter le pied du frein puis de tout dire. Tsé, je sais pas si c'est à force de chercher quoi dire sur la beauté pour l'esti de devoir, mais cette nuit, en rêvant, j'en suis arrivé à la conclusion qu'il était grand temps pour moi de me vider de l'intérieur. Un peu comme les Japonais, tsé : tu te plantes un sabre dans le ventre, deux coups, de droite à gauche, de bas en haut, et toute ce que t'as dans les tripes te sort en un seul tas et te tombe devant les yeux. Là, calmement, tu dois savourer le sentiment de vide et de calme qui s'empare de toi. C'est sûr, tu peux faire un son pendant que tu t'exécutes. Quelque chose de japonais, genre : « Houuuu yamazaky. » Mais bon, comme je ne connais pas tout à fait la technique, j'ai décidé de procéder à l'inverse : me vider par voie orale. Ça me laisse une petite chance de trouver une autre solution entre-temps, une solution pour donner un peu de sens à tout ça. Ben le sens, le sens, sacrament ! Toi, là, tu te demandes pas si tout ça a un sens ou pas ? Quand tu regardes la neige tomber, c'est sûr, y a pas vraiment de sens. Mais la vie, crisse, c'est pas comme la neige, ou alors j'aime mieux chauffer la mienne au soleil pour que toute se mette à fondre et qu'il n'en reste pas grand-chose ! C'est ça que je pense pis je te le dis comme je le pense. Si aujourd'hui y a pas un signe, une affaire, n'importe quoi, un papillon, une mouche, un crisse d'écureuil fera la job, pour venir me dire qu'il y a peut être une solution, esti, m'en vas faire un Japonais de moi, vous allez voir ! Ah bon ! Tu crois ça, toi ! Tu crois que là, là, parce qu'on s'en va en cours de géographie, je vais me taire ! Tu crois que ça va suffire ! Tu crois que moi, là, je vais trouver une raison d'exister parce qu'un prof de géographie va juste me dire de me la fermer ! Toi, là, tu penses que tu vas rester toute ta vie un adolescent pis que toute ta vie tu vas la passer à faire les devoirs de ton grand frère qui arrêtera pas de fuguer ? Ben non ! Ben non ! Y a déjà en quelque part un esti de bungalow ben laite avec une crisse de pelouse ben faite et un garage pour ton futur gros char qui t'attendent, toi pis ton paresseux de grand frère ! Boon, tu l'as-tu faite l'esti d'enquête sur la beauté auprès des gens de notre quartier ? Puis, c'est assez laite comme tendance, tu trouves pas ? Ben c'est ça qui t'attend, qui nous attend tous, Boon : une grosse télé pis une Annie Matrice qui va nous hurler à tous les soirs qu'on mérite le bonheur ! Pis on aura rien à dire, rien d'autre à faire que se taire ! Ben moi, crisse, me tairai pas, me tairai pas, tabarnac !

──────── 12. Crachat ────────

BOON. Je l'ai vu s'en aller. En cinq minutes, il m'avait injecté une telle dose de révolte et de colère que j'ai été envahi par une soif d'amour, de sens, de raison d'être, de douceur, une soif si grande ! Une soif me faisant comprendre que ce monde magnifique, lié à l'enfance que je portais en moi, était en train de mourir à force de dureté. Les choses me semblaient si claires tout à coup. Les gens de mon quartier, auprès de qui je devais faire l'enquête, étaient tous pareils à moi : nous aimons tous la vie et la beauté est à la portée de tous. Pourtant, lorsque cette beauté n'est pas nourrie, elle se transforme en quelque chose d'horrible et cette chose horrible nous gruge de l'intérieur. J'ai compris que plus on tentait de vivre sans beauté, plus la beauté en nous enlaidissait ! J'ai pris ça en pleine face et, en pensant à Norvège, toute une métaphore m'est tombée dessus ! Je me suis assis, appuyé contre mon casier, passant la matinée à écrire sans aller à mes cours. Norvège, enfin, était là ; assise à mes côtés dans le grand silence d'une école polyvalente au travail. Le texte est sorti d'un seul coup. Aujourd'hui encore, je sais que sans cet instant où Murdoch m'a contaminé de son insatiable soif de l'infini, jamais je n'aurais pu écrire comme j'ai écrit, jamais Norvège ne se serait approchée de moi. Jamais je n'aurais pu connaître cette exaltation foudroyante qui a illuminé mon adolescence.

La présentation de mon devoir sur la beauté a eu lieu à la fin de la journée. Mon frère était revenu de sa fugue. Il voulait faire croire qu'il était l'auteur de ce que j'avais écrit, et réellement cette volonté de s'approprier mon talent au fond me faisait vraiment plaisir. C'était la preuve de la valeur qu'il accordait à mes capacités d'auteur ! J'avais déjà mille idées de textes à écrire, des romans se bousculaient dans ma tête, je me voyais déjà gagnant du prix Nobel de littérature ! Mais pour qu'il n'y ait pas de confusion sur l'identité de l'auteur, je n'ai donc pas assisté à la présentation. J'ai attendu à la maison, avec un trac épouvantable. Quand mon frère est rentré, je me suis précipité vers lui pour entendre sa joie, voir sa fierté, bref pour qu'il puisse me raconter ! Mais en guise de compliments il a commencé par me cracher dessus. Au visage. Là. Mon frère m'a craché dessus. Je ne sais pas. Je me suis arrêté. Il m'a traité alors de tous les noms, de niaiseux, d'épais, de fif, de tapette, d'esti de cave, de gros tabarnac et autres expressions du même genre allant de calisse de cave à gros épais de plein de marde ! Les autres élèves ont ri quand Norvège est apparue, ils ont trouvé ça bizarre, têteux, nerd, fif et con. Et comme ils croyaient que c'était mon frère qui l'avait écrit, ils se sont moqués de lui. Mon frère voulait passer pour un tough ! Il ne l'était pas vraiment, il était petit, maigre et un peu teigne, mais moi je trouvais qu'il était courageux, puis c'était mon grand frère… On est toujours pris avec son grand frère quand la vie fait de vous un petit frère.

Il sort.

_____ 13. Réforme de l'éducation _____
façon destroy

Mercredi 6 février 1991.
Jour de la Saint-Gaston.
8 h 50.
Classe de géographie.

MURDOCH. Je le sais que vous avez un programme à respecter et que vous êtes là pour nous enseigner, nous éduquer. Je le sais tout ça, je le sais très bien, mais je peux vous assurer, monsieur, que de tout ce que vous nous dites il ne restera pas grand-chose ! Vous ne contrôlez absolument rien ! Monsieur ! Je suis là à vous dire que vous ne contrôlez rien à ce que vous nous transmettez et ça ne semble pas vous faire un crisse de pli sur la queue ! Bon ! Je dis le mot « queue » et là, ça vous énerve ! Coudonc ! Faut-tu absolument dire des gros mots pour se faire entendre dans c'te crisse de pays de peureux de marde ? Faut-tu absolument dire les mots « Noune ou plote ou batte ou trou de pet » pour qu'on s'intéresse à vous ? Qué cé ? Je suis là, debout, à éveiller mes camarades devant l'absurdité de notre existence et vous, là, tout ce qui vous intéresse, vous, notre professeur, c'est quand on dit le mot « queue » ou « bite » ! Ben justement, laissez-moi vous affirmer que vous nous enseignez l'indifférence dans l'indifférence des mots ! Monsieur, essayez de me regarder un instant non pas comme un crisse d'ado qui veut rien savoir, mais comme quelqu'un qui doute autant que vous ! Écoutez-moi, monsieur ! Quand je me suis levé à matin, j'ai compris que les choses, toutes les choses qui avaient un sens pour moi, étaient mortes. Je ne sais pas, monsieur, si c'est quelque chose que vous pouvez comprendre, je ne sais pas si c'est quelque chose que vous avez déjà éprouvé, mais c'est freakant de voir, du jour au lendemain, la mécanique d'un monde qui pendant longtemps était magique ! Je le sais plus ce qui se passe. Je le sais plus ! Est-ce que ça sert à quelque chose de « connaître » ? Est-ce que ça sert à quelque chose de « savoir » ? O.K., oui. Bon, c'est le fun de savoir que la capitale de l'Islande, c'est Reykjavík, Lomé la capitale du Togo et Ouagadougou la capitale du Burkina Faso, et quand il pleut à Montréal, il fait beau à Bornéo. C'est sûr : c'est utile ! Mais à quoi ça sert si je ne parviens pas à calmer ma colère ? Qu'est-ce que je peux connaître ? Qu'est-ce que je peux faire pour avoir le sentiment que je suis vivant et pas une machine ? Comment ça se fait que ce matin, en regardant mon sac d'école, j'ai eu l'impression que mon sac d'école avait plus d'espoir que moi ? Comment ça se fait que plus je grandis, moins j'ai l'impression d'être vivant ? Monsieur, qu'est-ce que ça veut dire, être vivant ?

——— 14. Enterrement ———

BOON. Comment fait-on pour effacer un crachat ? J'ai commencé par me laver le visage avec de l'eau, mais ce crachat était toujours là, il ne partait pas. Il allait pour toujours être là. Entre mon frère et

moi, il allait dorénavant y avoir ce crachat sur mon visage. Comme il n'y avait plus rien à faire, j'ai décidé que la meilleure façon de tout effacer était de mourir. Alors, ce soir-là, le soir même où Murdoch est mort finalement, c'est moi qui ai fait une fugue. Une fugue pour pouvoir enfin mourir une bonne fois pour toute. J'ai marché du côté de la montagne, là où habitait mon chum Mark Green avec qui j'avais fait les championnats provinciaux quand on avait failli gagner au badminton deux ans auparavant. L'église était ouverte. Je suis entré. On était ce fameux mercredi 6 février 1991, jour de la Saint-Gaston. Il était 19 heures 30. Dans l'église, au fond, il y avait un homme qui était à genoux devant deux bouts de bois fixés l'un sur l'autre pour former une sorte de gros +, et sur ce + il y avait un gars accroché avec trois clous, tout nu, sauf une guenille autour des hanches.
(Dans l'église.)
S'cusez, c'tu possible de parler au responsable de la place ?
Ah, O.K., j'savais pas.
Ah, O.K., c'est vous le curé.
O.K., O.K.
C'est Mark en fait qui a raconté qu'en fin de semaine...
Mark Green.
Y est venu ici pour son grand-père...
Oui oui.
C'est ça, monsieur Green, oui.
Ben oui, il est mort.
Non non, je ne le connaissais pas, je connais Mark, à l'école, on est chums de badminton.
Oui, c'est un maudit bon gars, Mark ! Il adorait son grand-père. Il a eu le cœur gros toute la semaine, et puis justement, en racontant tout ça, la mort puis toute puis toute, Mark a raconté la cérémonie entourant la mort de son grand-père, puis, bon... parlant de cérémonie, c'tu possible de... j'veux dire... je sais pas comment on dit ça... d'en faire une ?
Ouain ! C'est ça !
Oui, pour un mort comme pour le grand-père de Mark. On peut-tu en commander une pour quelqu'un ? Tsé, pour dire qu'il est mort.
Le célébrer.
Ouais. C'est un chum.
Y est mort.
Heu... aujourd'hui. Il est mort aujourd'hui. Puis, bon, j'avais envie de le célébrer à ma manière... lui faire une cérémonie...
Là là ?
O.K. Vous voulez vraiment ?

Hey… c'est fin, ça…
Son nom ?
Paul-Émile Beauregard-Nouveau, mais pour faire court on l'appelait tous Boon.
Ouais, Boon.
Ben oui comme Daniel, mais bon, c'est pas son nom, Boon. C'est son surnom.
J'aimerais mieux qu'on dise Boon, puisque c'est comme ça que j'aimais l'appeler.
Accident ! Accident d'auto.
Oui. Il est mort aujourd'hui.
J'aimerais bien allumer une bougie.
En fait, il avait dix-sept ans, fait que je sais pas si ça vous dérange, mais j'aimerais bien allumer dix-sept bougies…
Non j'ai pas de cash sur moi… mais…
Je m'occuperai de vous sortir vos poubelles ou de vous nettoyer votre cour…
O.K. Merci.
Alors je répète tout ce que vous dites ?...
Tout ?...
O.K. O.K. Go.
Au nom du Père, du Fils et du quoi ?
O.K. Au nom du Père, du Fils et du Saint-Esprit.
Boon est mort.
Il demeurera vivant en Dieu
et dans la mémoire de ses amis.
Jésus-Christ,
accueillez favorablement Boon.
Accueillez son âme
et faites qu'il trouve le repos.
Moi ? Mon nom à moi… heu… Chris ! Ouais, Chris !
O.K. Jésus-Chris, ah fuck, s'cusez, là… Christ.
Aidez Chris à passer à travers l'épreuve.
Jésus-Christ, faites que Chris trouve la joie dans la peine et le deuil.
Amen.
Boon est mort !

Je suis sorti de l'église étrangement léger. Ce soir-là, je me suis tué et enterré discrètement, à ma manière, tout en continuant à rester vivant parce que je ne voulais pas disparaître. J'aimais trop la vie. Je ne voulais pas mourir au complet, simplement enterrer une partie de moi. Toute petite, qui s'appelait l'écriture. J'ai décidé que je n'écrirais plus jamais... Murdoch avait beau crier qu'il fallait prendre parole, oser... c'était trop difficile... moi, je voulais vivre avec les gens, alors j'ai décidé de faire ce qu'ils voulaient que je fasse, j'ai décidé que je deviendrais quelqu'un d'autre. Un enfant modèle. Je suis devenu anthropologue judiciaire. Oubliée, la beauté en soi, oubliées Norvège et la métaphore, oubliés les gens du quartier qui voient la beauté en eux se transformer en laideur, perdu, oublié tout ça.

15. Affirmation obsessionnelle à caractère névrotique

Mercredi 6 février 1991.
Jour de la Saint-Gaston.
10 h 30.
Bureau du directeur.

MURDOCH. Je sais pas. Je sais pas, je sais pas. Je sais pas. Je sais pas. Je sais pas, je sais pas. Je sais pas, je sais pas. Je sais pas, je sais pas. Je sais pas. Je sais pas. Je sais pas, je sais pas. Je sais pas ! J'en sais rien. Je sais pas. Vous êtes dans votre droit, c'est sûr, je veux dire que c'est vous le directeur de l'école, le proviseur, le boss, le patron, le propriétaire, name it, je le sais pas. Je le sais pas. J'en sais rien, je veux dire qu'il n'y a rien qui puisse m'aider à le savoir ! J'en sais rien ! J'en sais rien pantoute pantoute pantoute pantoute ! J'en sais estiment rien ! Je sais pas. Je sais pas, je sais pas. Je sais pas. Je sais pas. Je sais pas, je sais pas. Je sais pas ! Non, je ne m'arrêterai pas, puis je comprends que ça peut être insupportable pour le directeur d'une école, le proviseur, le boss, le patron, le propriétaire, name it, lui qui est à la tête d'une usine de connaissances et de savoir, d'entendre un de ses ouvriers lui cracher à la face et *ad vitam aeternam* qu'il ne sait pas, mais fuck, la vérité, si vous la voulez, je vais vous la dire en pleine face : je suis chef syndical de tous les ouvriers qui sont embauchés de force dans cette usine du savoir et, puisque c'est vous le directeur de l'école, le proviseur, le boss, le patron, le propriétaire, name it, le grand argentier de l'usine, je m'en vas vous la cracher en pleine face, cette vérité insupportable : je sais pas ! J'veux dire que j'en sais rien. Je sais pas. J'en sais rien ! J'en sais rien pantoute pantoute pantoute pantoute ! J'en sais absolument rien, je me fouille, me tâte, m'inspecte, m'analyse, et c'est le vide absolu : toute la connaissance du monde entier réunie dans mon cerveau ne pourrait pas m'aider et ne pourrait pas m'empêcher de vous répéter que j'en sais rien ! J'en sais rien : j.s.r. J.S.R. JSRJSRJSRJSRJSRJ SRJSRJSRJSRJSRJSRJSR : J'EN SAIS RIEN. Je sais pas je sais pas je sais pas je sais pas je sais pas je sais pas je sais pas je sais pas je sais pas je sais pas je sais pas je sais pas je sais pas je sais pas je sais pas je sais pas je sais pas je sais pas je sais pas. Je sais pas je sais pas. Je sais pas je sais pas je sais pas je sais pas je sais pas je sais pas je sais pas je sais pas je sais pas je sais pas je sais pas je sais pas je sais pas je sais pas je sais pas je sais pas je sais pas je sais pas. Je sais pas je sais pas je sais pas je sais pas je sais pas je sais pas je sais pas je sais pas je sais pas je sais pas je sais pas je sais pas je sais pas je sais pas je sais pas je sais pas je sais pas. Je sais pas je sais pas je sais pas je sais pas je sais pas je sais pas je sais pas je sais pas je sais pas je sais pas je sais pas je sais pas...

Folie.

──────── 16. Témoignage ────────

BOON. Parfois, je me mets à croire que si j'ai choisi ce métier, ce n'était que pour ça : identifier Murdoch le jour où on allait le repêcher au fond de l'eau. Maintenant que c'est fait, je ne vois plus la raison de continuer, mais il me restait encore à comprendre deux choses : pourquoi Murdoch était mort et pourquoi il n'arrivait pas, ce jour-là, à se taire. Pourquoi ? Cela dit, de manière professionnelle, si j'avais réussi à identifier le corps du garçon, je n'arrivais à rien avec celui de la fille enlacée à Murdoch. Dans les documents que la police m'a remis lorsqu'on a identifié le corps, il y avait les témoignages de tous les gens qui l'ont croisé cette journée-là... Personne ne parle d'une fille dont il aurait été amoureux. Tout le travail d'anthropologie ne m'a mené à rien. Le corps était étrange, il montrait des anomalies indépendantes de la question du séjour sous l'eau. J'ai relu attentivement tout le dossier et je suis tombé sur le témoignage de mon frère... J'en suis encore bouleversé. Je l'ai ici : « J'avais été chercher Murdoch dans le bureau du directeur... le directeur était content, il ne savait plus quoi faire avec... Murdoch chialait sans arrêt... J'ai voulu le ramener chez lui, mais il voulait voir l'exercice sur la beauté qu'il avait fallu faire sous forme théâtrale... À chaque exercice, il riait et se moquait et criait : que c'est beau, la beauté ! Puis il y a eu mon exercice... en fait... Moi, c'était mon frère Boon qui avait fait le mien... anyway, c'était super poche, tout le monde riait et se moquait de moi, mais Murdoch, lui, tout à coup, en voyant le devoir de mon frère, il s'est tu. Quand la fille s'est planté le couteau dans le ventre pour en sortir l'affaire, tout le monde a hurlé, mais lui, il n'a plus dit un mot, quand ç'a été fini, il s'est levé, il a hurlé que lui il comprenait... une affaire du genre... Il a hurlé : Norvège, je t'emporterai avec moi jusqu'au bout de mes jours... Il a hurlé ça comme si c'était arrivé pour vrai, comme s'il s'adressait au personnage et il est parti à la course. C'est la dernière fois que je l'ai vu... »

Relisant ce témoignage, j'ai ressorti ce fameux exercice que j'avais écrit, cette métaphore de la beauté chez les gens du quartier et des conséquences lorsque cette beauté était délaissée. Tout m'est revenu en une fraction de seconde. J'ai retrouvé Norvège, mon personnage, j'ai tout relu attentivement pour essayer de comprendre ce qui avait pu à ce point toucher Murdoch.

──────── 17. La monstruosité ────────

Théâtre improvisé.

UN PROFESSEUR. Exercice sur la beauté numéro 12. Écrit par l'élève Jean-René Beauregard-Nouveau. Le texte a pour titre « Vivre sans beauté enlaidit la beauté ! ».

La porte de la chambre de Norvège s'ouvre.
Norvège apparaît un grand couteau de cuisine dans la main.

NORVÈGE.

…

Je…

Je…

Je…

…

Catastrophe. Catastrophe !

…

Je ne sais pas d'où c'est venu.

Je me suis endormie un soir, et au matin c'était là.

…

Je…

Je…

Je…

…

Catastrophe ! Catastrophe !

…

Un monstre.

Il y a un monstre.

Un monstre.

…

Je ne l'ai pas vu tout de suite.

C'est plus tard,

en sortant de mon lit,

en me regardant dans le miroir.

Au début,

c'était presque étrange,

comme une pâleur,

et puis tout à coup je l'ai vu.

…

Je l'ai vu.

Un monstre.

Un monstre dans mon ventre.

Il a rendu ma peau transparente,

ma peau comme une fine couche transparente.

Me regardant, j'ai vu l'intérieur de moi,

avec mes organes et mon sang.

Tout cela qui bougeait,

circulait,

battait,

existait,

cette machine qui est moi.
Et au milieu de tout cela,
j'ai vu,
blottie comme un fœtus entre mes organes,
une pieuvre effroyable.
Je n'ai plus eu de voix pour crier,
pour hurler,
pour rien de rien !

Catastrophe ! Catastrophe !

Nichée horriblement au fond de mon ventre,
proche de mon sexe !
Je l'ai vue, une pieuvre, ouvrir un œil et me regarder.
Comme dans un rêve, j'ai voulu hurler « maman » !
J'ai voulu crier,
mais c'est comme si je n'avais plus de mère,
plus de père,
plus rien.
Comme si, tout à coup, je comprenais
combien j'étais seule à exister avec ma vie.

J'ai cru rêver.
J'ai caché mon ventre.
Je me suis assise par terre
plusieurs minutes et j'ai attendu.
Je me disais : Ce n'est pas possible ! Ça ne peut pas exister ! On
ne peut pas avoir le ventre transparent ! On ne peut pas avoir une
pieuvre dans le ventre ! Et puis d'abord, d'où elle serait venue cette
pieuvre ? Je n'ai jamais fait l'amour encore, je ne peux pas être
enceinte ni rien ! Alors ce n'est pas possible ! Une pieuvre dans un
ventre transparent, ça ne peut être qu'un rêve ! Ou alors c'est qu'on
va mourir ou qu'on est déjà mort.
Je me disais que j'avais juste rêvé,
que ce n'était rien.
Je me suis répété ça à toute vitesse,
les genoux repliés contre moi
et mes bras accrochés à mes genoux,
tout ça pour protéger mon ventre.
Je me disais que rien de tout ça ne pouvait exister, que j'allais me
relever, que tout sera normal, et que d'ailleurs je devais me dépêcher,
car l'horloge de ma chambre indiquait que j'allais être en retard.

J'entendais ma mère m'appeler : « Norvège, Norvège ! » Mais je n'ai pas répondu, impossible pour moi de sortir un son. D'abord, il fallait se lever.

Puis je me suis relevée et, lentement,
j'ai fermé les yeux
en tremblant.
J'ai laissé aller mes bras
pour dévoiler encore une fois mon ventre.
Et lentement,
comme si la lenteur allait effacer l'horreur,
j'ai ouvert les yeux et je me suis regardée dans le miroir.
Elle était encore là.
Catastrophe ! Catastrophe ! j'ai pensé !
Et je n'ai pas pu laisser échapper un cri,
et j'ai éclaté en sanglots
comme si ma vie était terminée.
Et j'ai pris conscience de ma jeunesse,
et j'ai ressenti,
je crois,
ce que doit ressentir un soldat de vingt ans
à l'instant où l'obus éclate à ses côtés,
et qu'il comprend qu'il va mourir
alors qu'il avait encore tant de temps devant lui.
Le gâchis,
je l'ai senti.
J'ai ouvert les yeux et elle était encore là :
je l'ai vue,
dans mon ventre transparent,
la pieuvre, avec ses huit tentacules, tourner en moi.
J'ai senti dans mon ventre ses mouvements,
et j'ai vu encore son œil s'ouvrir et se refermer.

J'ai pensé que c'était le miroir.
Alors j'ai baissé la tête et j'ai regardé mon ventre,
et j'ai vu sa transparence encore.

Alors j'ai eu si peur que je me suis évanouie,
et j'ai cru mourir.

Pendant quatre jours je suis restée enfermée,
parce que je ne trouvais plus aucune raison de sortir ni de vivre.

Mes parents ont essayé de casser la porte,
et chaque fois un cri de mort sortait de moi pour les arrêter.

J'ai réfléchi alors.
Je me suis dit que ce n'était au fond qu'une chose tout à fait
normale.
Que c'était la laideur nichée au fond de moi.
Tout le monde, un jour ou l'autre,
se réveillera avec la laideur au fond de soi,
la laideur sous une forme différente,
une pieuvre ou un rat ou un serpent dans son ventre transparent.
Et puis on s'y habitue,
et l'on se met à vivre avec cette monstruosité en nous.

Je me suis dit que tous les adultes que je croisais avaient probablement
cette horreur au creux de leur transparence et qu'ils faisaient avec.
Quand je suis devenue certaine de cette idée, j'ai pu me calmer et
décider pour moi.

Je ne veux pas.
Je ne peux pas.
Je ne vivrai pas avec cette monstruosité en moi toute ma vie.
Je n'accepterai pas.
Je ne me résoudrai pas.

C'est l'enfant en moi qui a eu peur et qui a failli s'évanouir.
C'est normal.
L'enfance a peur du noir depuis la nuit des temps.
Mais justement,
je ne suis plus une enfant et je peux choisir pour moi.
Et pour moi, je ne veux pas vivre dans la laideur.

Voilà pourquoi, une fois ma décision prise,
je me suis sentie en mesure de sortir.

Beaucoup de gens acceptent de vivre avec la laideur,
certains refusent.
Moi aussi,
je refuse.
*(Norvège découvre son ventre. Il est transparent. On voit la pieuvre
dans son ventre. Avec le couteau, elle perce son ventre. L'eau et le sang
coulent. Elle plonge sa main et en sort le monstre.)*

Quand l'enfance touche à la nuit des temps,
elle se retrouve pour toujours dans le noir.
Et moi, je veux de la beauté
longtemps, longtemps, longtemps, longtemps, longtemps, longtemps,
longtemps...

———— 18. Des assoiffés ————

BOON. J'étais assis dans mon laboratoire, au fond de la morgue avec
le corps de Murdoch et de l'inconnue qu'on a retrouvée enlacée dans
ses bras. Qui pouvait-elle bien être ? Une idée insensée m'a traversé
l'esprit... Ému, j'ai fait une légère incision au niveau de l'abdomen
et j'ai vu ! Je me suis mis à trembler de tout mon être ! Son ventre
avait été perforé à l'aide d'un couteau et quelque chose en avait
été retiré ! C'était invraisemblable et pourtant c'était là ! C'était aussi
bouleversant qu'impossible : Norvège ! Norvège ! Murdoch tenait
entre ses bras le personnage fictif que j'avais inventé. Il se tenait
accroché à elle comme on s'accroche aux rêves qui nous sauvent la
vie ! Pourquoi es-tu mort alors, pourquoi es-tu mort ? Catastrophe !
Catastrophe ! j'ai pensé et cette pensée, sans doute, a fait bouger la
main de Norvège, elle a ouvert les yeux et, en un seul instant, j'ai
retrouvé sa forme d'autrefois. Comme en ce jour lumineux où elle
était venue s'asseoir à mes côtés près des casiers de l'école.

NORVÈGE. Boon, je ne croyais plus que tu te souviendrais de moi.

BOON. J'ai tout fait pour t'oublier.

NORVÈGE. Il m'a tenue tout contre lui jusqu'au fleuve. Il était assoiffé.
Il me parlait sans cesse ! Il disait : « Norvège, toi et moi, nous sommes
des assoiffés, viens, on va aller voir le grand large. » Il a mis ses
patins à glace et il s'est mis à patiner, répétant toujours : « Respire,
respire, Norvège ! » Et la glace s'est fendue, déchirant du même
coup la trame de sa vie. On s'est agrippés l'un à l'autre, à jamais le
cœur de l'un dans le cœur de l'autre : personnage réel, personnage
fictif.

BOON. Je n'aurais pas cru...

NORVÈGE. Tu as eu tort.

BOON. Murdoch est mort.

NORVÈGE. Murdoch est mort parce qu'il n'y avait rien en quoi il arrivait à croire.

BOON. Qu'est-ce que je peux faire maintenant ?

NORVÈGE. Tu peux tout faire ! Raconte. Raconte la soif de Murdoch, raconte la soif de Norvège, raconte la soif de Boon.

BOON. Je ne sais pas.

NORVÈGE. Si, tu sais. Mais tu n'oses pas !

BOON. C'est fini tout ça...

NORVÈGE. Non ! Le crachat est toujours là, sur ta joue, Boon.

BOON. Il est trop tard.

NORVÈGE. Si tu penses qu'il est trop tard, alors il est vrai que la beauté s'enlaidit à force de laideur. Tu es devenu laid.

BOON. Norvège ! Elle est partie. Je suis resté longtemps silencieux. Je savais ce qu'il me restait à faire. Tout, encore une fois, était redevenu clair. Le soleil a fini par se lever. J'ai pris le téléphone.
(Au téléphone.)
Allô, Jean-René, c'est moi, c'est Boon, c'est ton frère.
Oui, je sais qu'il est tôt.
Il est six heures du matin.
Je sais.
Non, il n'y a rien de grave.
Je t'appelais juste comme ça.
En fait non.
Te souviens-tu du jour où tu m'as craché dessus ?
Non, non, je te demande pas ça pour ça... Je le sais qu'on est tous un peu cons quand on est jeunes, puis bon... ce n'était pas grave en soi... non, non... écoute... je voulais te dire que c'est parti. Oui.
Le crachat a fini par s'en aller.
Écoute, je voulais te dire quelque chose que je n'ai jamais eu envie de te dire.

Puis là, pour des raisons qui seraient longues à t'expliquer,
j'ai eu envie de t'appeler pour te le dire.
C'est simple, tu vas voir, mais en même temps,
je ne sais pas pourquoi,
ça m'aura pris trente ans pour arriver à te le dire.
Voilà.
Toi et moi, on est très différents.
Mais malgré cette différence,
tu es mon frère,
et je serai toujours là pour t'aider si tu as besoin de moi.
J'ai réalisé aussi que j'avais beaucoup d'affection pour toi.
Si tu mourais, j'aurais beaucoup de peine.
Beaucoup !
Voilà.
C'est tout.
Excuse-moi de t'avoir dérangé.
Embrasse tes enfants pour moi.
Je t'aime.
(Il raccroche.)
J'ai repris le dossier de Murdoch. J'ai arrangé son corps comme il
faut. Avec beaucoup de soin. Je l'ai habillé de ses vêtements de
l'époque que ses parents avaient gardés. J'ai nettoyé le laboratoire et
j'ai tout rangé, puis j'ai marqué « Affaire classée », et on a pu remettre
le corps de Murdoch à ses parents. Il a été enterré simplement dans
un cimetière pas loin du boulevard Métropolitain.

MURDOCH. Pas loin certain, vous m'avez enterré juste à côté d'un
arrêt de la 121, maudite marde ! L'autobus, je vais en avoir pour
l'éternité à le voir passer, esti... Sadiques, vous êtes des sadiques,
esti...

BOON. Je suis sûr de l'avoir entendu râler. Je vais parfois m'asseoir
sur sa tombe, j'y dépose des fleurs. Norvège et moi, souvent on
s'y retrouve et je lui parle des histoires que j'ai envie d'écrire. Sur
sa tombe, j'ai fait planter un arbre. Un chêne de dix-sept ans. Au
printemps dernier, il y avait tant de feuilles sur ses branches qui
avaient poussé qu'on aurait dit des milliers et des milliers de mots
accrochés, attendant l'automne pour nous tomber dessus. J'ai souri.
Murdoch n'avait pas fini de parler, c'était sûr.

Fin.

NOTICE

Assoiffés a été créée au Québec le 12 octobre 2006, dans le cadre d'une résidence au Théâtre Lionel-Groulx de Sainte-Thérèse-de-Blainville, dans une mise en scène de Benoît Vermeulen. Assistance à la mise en scène : Catherine Vidal. Scénographie et costumes : Raymond Marius Boucher. Éclairages : Mathieu Marcil. Environnement sonore : Nicolas Basque. Environnement vidéo : Martin Lemieux. Direction de production : Joanne Vézina. *Distribution :* Simon Boudreault (Boon), Sharon Ibgui (Norvège) et Benoit Landry (Murdoch).

Assoiffés est l'aboutissement d'une complicité étroite que j'ai eu le plaisir et la joie de partager avec Benoît Vermeulen. Lorsqu'il est venu me trouver pour me demander d'écrire un texte pour sa compagnie Le Clou, texte qu'il mettrait en scène, j'ai dû d'abord refuser, car des expériences précédentes m'avaient appris combien j'étais maladroit avec les textes de commande. En effet, les quelques fois où il m'est arrivé d'accepter, j'ai toujours été en retard et j'ai vécu l'écriture comme un poids. Benoît, loin de se décourager, a insisté, me promettant toute liberté.

Il m'a donc invité à écrire, sans date, sans délai, sans contrat, sans rien de tout cela qui m'éloigne de l'écriture. Simplement des rencontres, lui et moi, à échanger sur ce qui, dans notre adolescence, habitait notre esprit et était à la source de nos désirs et de nos soucis.

Après plusieurs entretiens qui sont demeurés très ouverts, je lui ai proposé l'idée d'écrire des textes sans structure apparente : écrire des scènes, des bouts de textes, des répliques, des pensées, sans effort de cohérence. « À toi de trouver la cohérence », lui ai-je proposé. Ce pari est arrivé comme une solution formidable me permettant d'écrire sans avoir à me poser la question de la structure, et à Benoît le défi de construire un spectacle à partir de textes d'abord épars qui, par la suite, se sont précisés à mesure que Murdoch, Norvège et Boon nous apparaissaient.

Pour ce jeu en vertige que Benoît a bien voulu jouer avec moi, je veux ici le remercier.

W. M.

DU MÊME AUTEUR

THÉÂTRE

ALPHONSE, Leméac, 1996.

LES MAINS D'EDWIGE AU MOMENT DE LA NAISSANCE, Leméac, 1999; Leméac / Actes Sud-Papiers, 2011.

PACAMAMBO, Leméac / Actes Sud-Papiers, coll. «Heyoka Jeunesse», 2000; Leméac / Actes Sud Junior, coll. «Poche théâtre», 2007.

RÊVES, Leméac / Actes Sud-Papiers, 2002.

WILLY PROTAGORAS ENFERMÉ DANS LES TOILETTES, Leméac / Actes Sud-Papiers, 2004.

ASSOIFFÉS, Leméac / Actes Sud-Papiers, 2007.

LE SOLEIL NI LA MORT NE PEUVENT SE REGARDER EN FACE, Leméac / Actes Sud-Papiers, 2008.

SEULS. CHEMIN, TEXTE ET PEINTURES, Leméac / Actes Sud-Papiers, 2008.

LE SANG DES PROMESSES. PUZZLE, RACINES ET RHIZOMES, Actes Sud-Papiers / Leméac, 2009.

JOURNÉE DE NOCES CHEZ LES CROMAGNONS, Leméac / Actes Sud-Papiers, 2011.

TEMPS, Leméac / Actes Sud-Papiers, 2012.

LE SANG DES PROMESSES

LITTORAL, Leméac / Actes Sud-Papiers, 1999; 2009; Babel n° 1017.

INCENDIES, Leméac / Actes Sud-Papiers, 2003; 2009; Babel n° 1027.

FORÊTS, Leméac / Actes Sud-Papiers, 2006; 2009; Babel n° 1103.

CIELS, Leméac / Actes Sud-Papiers, 2009; Babel n° 1122.

ROMANS

VISAGE RETROUVÉ, Leméac / Actes Sud, 2002; Babel n° 996.

UN OBUS DANS LE CŒUR, Leméac / Actes Sud Junior, coll. «D'une seule voix», 2007.

ANIMA, Leméac / Actes Sud, 2012.

ENTRETIENS

«JE SUIS LE MÉCHANT», entretiens avec André Brassard, Leméac, 2004.

Ouvrage réalisé
par Luc Jacques, typographe
Achevé d'imprimer
en novembre 2016
sur les presses
de Marquis imprimeur
pour le compte de
Leméac Éditeur
Montréal, Canada
et des éditions
Actes Sud
Arles, France

Dépôt légal
1re édition : janvier 2007
(ÉD. 01 / IMP. 07)
Imprimé au Canada